BIOGRAPHIE

DE

L'ABBÉ MAYNEAU

DE BÉZIERS.

C. Bertrand, Éditeur

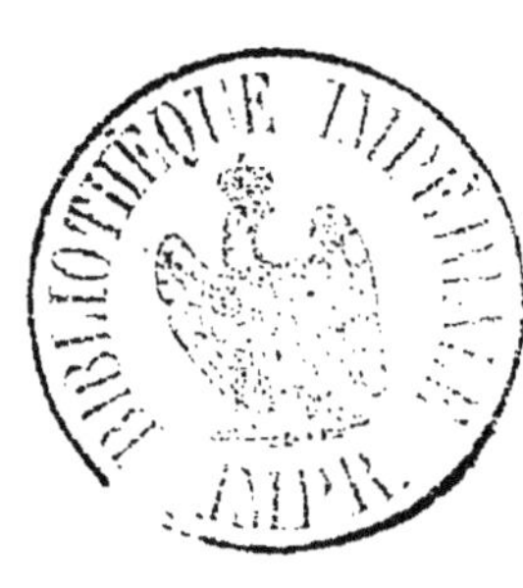

BÉZIERS,

TYPOGRAPHIE C. BERTRAND,

Rue de la Rôtisserie

1860.

BIOGRAPHIE

DE

L'ABBÉ MAYNEAU

DE BÉZIERS.

Premièrement, l'abbé Mayneau est protonotaire apostolique de France, par un titre illimité concédé à lui, à Rome, par l'illustrissime Grégoire XVI, souverain pontife, le 11 février 1846, lui parlant en personne (1).

Secondement, vicaire-général de Palmyre, nommé à Béziers en 1858, par l'illustre Atta, patriarche archevêque de la Palmyrène.

Troisièmement, vicaire-général de l'archevêque de Babylone, Mgr Trioche, originaire de Marseille, nommé à Rome, à St-Andrea delle Fratte, en 1847.

Quatrièmement, vicaire-général de l'évêque de Colombie, Mgr Véroles, natif de Cam, nommé à Rome, à St-Andrea delle Fratte, en 1849.

Cinquièmement, auteur d'un Traité des abus de la France et des libertés gallicanes, imprimé à Paris, en 1828.

Sixièmement, auteur du Génie du sacerdoce, divisé en trois livres : livre premier, génie bienfaisant; livre second, génie

---

(1) Protonotaire veut dire notaire en chef. *Protos,* en grec, veut dire premier ou chef; apostolique, désigne l'autorité papale qui l'a délégué; de France désigne sa délégation pour tout le sol franc et non pas pour les régions étrangères.

héroïque ; livre troisième, génie littéraire, imprimé à Paris, en 1829.

Septièmement, auteur du Triomphe de l'Église, divisé en trois livres, imprimé à Paris, en 1830.

Huitièmement, auteur d'un Discours académique sur les progrès des Sciences et des Arts, imprimé à Paris, le 25 mars 1847 ; il contient sa fameuse découverte de la révolution du soleil, prouvée mathématiquement.

Neuvièmement, auteur du Triomphe de la Vérité, divisé en sept livres, imprimé à Béziers, en 1859, et auteur de quelques autres œuvres d'éloquence et de poésie, ainsi que d'un plaidoyer, qui fut regardé comme un chef-d'œuvre, prononcé par lui dans le tribunal civil de Béziers, le 30 août 1856, imprimé ladite année.

Dixièmement, ancien professeur d'éloquence et de philosophie.

Onzièmement, ancien missionnaire apostolique de France, par un titre illimité de l'illustrissime Léon XII, souverain pontife, à lui concédé le 19 juin 1826.

Douzièmement, ex-aumônier de l'illustre baron de Damas, ministre d'État et des affaires étrangères.

Treizièmement, Chevalier du Lis, par un titre de Louis XVIII, daté du 27 septembre 1814.

Quatorzièmement, membre de l'Académie Royale, décoré de l'Abeille d'Or ; le diplôme est daté de Paris, le 28 février 1846.

Quinzièmement, Grand cordon de l'ordre de Saint-François de Paule, reçu à Rome, le 17 mai 1845.

Voilà les principaux titres de l'illustre abbé Mayneau (Toussaint-Jacques), natif et habitant de Béziers, et de la paroisse de Saint-Aphrodise ; lesquels titres seront expliqués à propos dans les diverses circonstances de sa vie.

Il nous paraît indispensable de mettre au grand jour les merveilles de la vie de l'abbé Mayneau (1), pour donner plus d'intérêt, de puissance et de grandeur à la dernière de ses œuvres littéraires, qui parcourra l'Europe savante, au milieu des applaudissements, selon notre douce espérance.

La vie de l'abbé Mayneau est un tissu de catastrophes éminemment périclitantes, depuis son berceau jusqu'à ce jour, parvenu à la soixante-deuxième année de son âge avec tout le solide et brillant vermeil de sa maturité, sans infir-mité aucune.

Avant de naître, sa bonne mère, le portant dans son sein, faillit être écrasée par une énorme poutre portée par un char, qui se détourna précipitamment devant la mairie, contre l'angle de la maison Théramine, où était sa mère, avec un panier au bras, sans s'apercevoir du péril ; l'extrémité de la poutre passa sur l'abdomen maternel, avec la rapidité de l'éclair ; deux spectatrices, marchandes de fruits, s'évanouirent de l'effroi.

Le berceau de son enfance a été couronné de tant de périls innombrables ; sa maison maternelle, située hors des remparts de la ville, au bourg St-Aphrodise, avait la porte d'entrée sur un perron à plusieurs degrés, sans parapet ; son enfance, avec sa myopie, y a roulé des centaines de fois, criblé de contusions et de blessures, dont quelques cicatrices se montrent encore à la surface de sa tête imprenable, sans jamais avoir pu être démolie.

Vers le plus beau printemps de son enfance, en s'amusant dans le pressoir à huile de son grand-père paternel, il se laissa tomber, en bronchant, dans un tonneau enfoncé en terre,

---

(1) Nous observons que le nom de l'abbé Mayneau, natif et habitant de Béziers, département de l'Hérault, doit se prononcer MÉINO, en deux syllabes, la première longue et la seconde brève.

rempli d'eau et d'huile ; un des ouvriers qui prenaient leur repas dans un appartement éloigné, entendit la rumeur de sa chûte, courut aussitôt et l'enleva de la tonne, mort entièrement, flexible, sans respiration ; ce ne fut qu'après plusieurs excitants prospères qu'il respira et ouvrit les yeux à la lumière du jour.

Quelque temps après, dans une époque printanière, étant âgé de sept ans, en jouant au mail, la boule roula dans un énorme fossé comblé de trois mètres cubes d'eau, et, en essayant de faire remonter la boule sur la surface avec son mail, son corps, étendu sur la rive, glissa dans le gouffre liquide, en se débattant ; une lavandière voisine courut et l'attrapa par un pied ; on l'apporta mort dans la maison de son grand-père maternel, et, ce ne fut qu'après plusieurs opérations caloriques et après plusieurs confortants fortunés qu'il revint à la vie.

Pendant un matin d'hiver, considérant son voisin, nommé Barbari, qui coupait de bois pour se chauffer, ce maudit enfant de giberne, lança un coup de hache pour fendre en deux la tête du jeune Mayneau, qui, lui donnant un avis sage, heureusement fléchit sa tête et le buste de son corps en arrière ; la cognée traversant la veste, le gilet et la chemise, fendit un des os supérieurs de la poitrine ; la cicatrice y est apparente encore.

Dans une circonstance d'automne, il s'amusait, après dîné, à faire tirer un petit canon bien rempli de poudre ; il y mit feu, l'amorce n'ayant pas pris subitement, il fut examiner de près, étant myope, pourquoi il n'avait pas parti instantanément, et au moment qu'il avait sa figure sur la lumière du canon, le canon partit d'un grand éclat et se creva en plusieurs fragments sous sa face, qui resta saine sans blessure ; le doigt du milieu de la main droite fut grièvement blessé, on y voit encore la cicatrice en forme d's.

A l'âge de huit ou neuf ans, le jeune Mayneau, avec un petit fusil rouillé, d'un pied et demi de longueur, qu'il avait trouvé parmi le vieux fer de son grand-père maternel, faisait faire l'exercice à une troupe enfantine de son quartier, en escaladant le rempart, en guerrier, sur tous les points les plus scabreux, et principalement en les faisant marcher en rectilignes, les uns après les autres; lui à la tête, sur la banquette du boulevard fort élevé, s'exposant à se tuer en tombant d'une si terrible éminence; les voisins tremblaient de voir manœuvrer ainsi le chef et sa troupe enfantine.

Pour arrêter cette manœuvre périclitante, un nommé Lapeyre empoigna le fusil au jeune Mayneau, qui commandait son bataillon morveux, le lui jeta sur le pavé de la rüe, où la culasse se fracassa en plusieurs fragments; le jeune Mayneau fut fortement refroidi avec indignation; il ne pensa plus à prendre d'assaut le boulevard silencieux; mais, dans une circonstance bien éloignée de celle-là, enflammé par des camarades aventuriers plus hardis que lui, il entreprit de monter, par escalade, dans l'enceinte la plus éminente de la tour, qui était deux fois plus élevée que les murs extérieurs du boulevard, au bas duquel était un profond et antique canal de ville de guerre, comblé des eaux pluviales, hideusement stagnantes et fétides, situé en face de la tuilerie de son père, séparé uniquement par la route de Bédarieux.

Le jeune Mayneau, en escaladant, arriva au sommet de la tour, avec ses compagnons d'aventure; en descendant, il lui fallut descendre à califourchon sur une mince muraille construite en talus; une pierre, se détachant du mur, resta à sa main; il se balança sur l'abîme, il s'y crût englouti; mais, dans ce même instant, il fit un effort pour se jeter sur le plateau de l'intérieur du rempart, où il tomba de la hauteur de trois mètres, comme un sac de farine; la figure, les pieds, les mains et les reins furent bien sensiblement contusionnés.

Dans une autre circonstance printanière, il courait sur une arcade de la fontaine bitterroise, élevée de six mètres de hauteur; étant arrivé au milieu, entre le ciel et la terre, il broncha à un anneau de fer; ses camarades l'avaient laissé seul; un vent rapide souffla; il balança trois fois sans savoir s'il s'engloutirait à droite ou à gauche; il se jeta à genoux sur la banquette et y marcha à genoux et sur ses mains, et s'arracha, en tremblant, de ce péril effroyable.

Sur le chemin de Boujan, à demi-heure de nuit après le crépuscule, étant monté sur l'éminence du fourrage que portait la charrette paternelle; elle se renversa, et lui-même fut jeté sain et sauf entre deux précipices énormes.

Au sortir de l'école, avant le crépuscule d'un jour d'automne, l'infortuné Mayneau, avec une foule d'enfants, suivit un soldat ivre jusqu'à la croix blanche, où fut martyrisé saint Aphrodise, patron de Béziers; là, ce soldat lança son sabre nu avec tant de fureur sur la foule, que la garde de son sabre se placarda au beau milieu des reins du jeune Mayneau, qui crut, avec larmes et douleurs bien vives, avoir la colonne vertébrale fracassée, pendant plusieurs semaines.

Dans une soirée de printemps, prenant le frais sur le vaste local de la tuilerie maternelle, un chasseur déchargea le fusil sur lui, et la grande quantité de gros plomb tomba à ses côtés sans en recevoir aucun mal.

Pendant une belle soirée d'été, s'amusant sur le paille avec d'autres enfants, il monta sur un gerbier, fit une cabriole en l'air et, tombant de tête sur la paille, son cou se disloqua, sa tête se tint de travers; il s'en fut au lit sans rien dire à ses parents, de peur d'être grondé, et le lendemain en se levant, il se trouva guéri, la tête revint à place.

Dans la briqueterie maternelle, il y avait toujours nécessai ·
rement une monture vigoureuse pour transporter, au domicile de l'acheteur, la marchandise ; le jeune Mayneau, au
sortir de l'école et pendant les jours de congé, était souvent
le conducteur de la monture chargée ; au retour, il y montait dessus ; de si loin que cette bête rétive apercevait la
briqueterie, elle mettait sa tête en bas et ses jambes de derrière en l'air et descendait, sans autre cérémonie, les cor-
beilles et le pauvre cavalier.

Pendant l'espace de plusieurs années, le jeune Mayneau a
été renversé ainsi des centaines de fois, avec des meurtris-
sures tantôt aux pieds, tantôt à la tête, tantôt aux mains,
tantôt aux reins, tantôt aux coudes, où l'on voit encore quelque cicatrice sensible.

Dans une époque de vendange, étant alors âgé de 12 ans
environ, monté à califourchon sur un jeune ânon vigoureux,
au terroir de St-Vincent, cette monture se détourna brusquement et opiniâtrement à gauche, sur un pont de traverse qui
n'avait point de parapet ; il tira fortement les rênes de la
bride et la fit reculer hors du pont ; les deux pieds de derrière
de l'animal rétif descendirent du pont plus tôt que les deux
jambes de devant, en tombant de la hauteur de trois mètres.

Naturellement, selon les lois de la physique, l'enfant, par
la puissance de son propre poids et de l'équilibre perdu en
balançoire, aurait dû être pressé dans sa chûte sous l'ânon,
renversé sur son dos ; ce fut tout le contraire : l'ânon était
quasi posé dans le réveil d'un doux sommeil ; la tête paisiblement élevée, les deux jambes de devant comme à genoux
et les deux jambes de derrière se joignaient à celles de devant
en harmonie, et le pauvre Mayneau était assis en califourchon sur la bardelle, comme par enchantement, sans contusion,
sans blessure, sans indisposition, ni lui, ni l'ânon abattu.

Sous ce pont dangereux était un ruisseau sec, parsemé de pierres froides inégales ; l'infortuné Mayneau descendit de la monture, la fit lever lui seul et fut chercher dans la profondeur et la longueur du lit du ruisseau aride, une issue pour en sortir sans aucun auxiliaire humain.

A cette époque, il commençait à servir la messe de six heures journellement ; il n'était en voyage que par un ordre paternel, pour aller surveiller les vendangeuses dans les vignobles maternels du terroir de Pradines.

Dans des cas de nécessité urgente, en l'absence des ouvriers domestiques, il lui fallait, par obéissance pour le service du ménage, puiser de l'eau pour remplir une ou deux cruches ; commençant cet exercice à onze ans, continuant pendant plusieurs hivers et même pendant la gelée, et n'ayant pas assez de force pour faire mouvoir la poulie, quand les deux cordes des seaux se croisaient, il montait sur le parapet du puits, qui était au-dessus de sa taille, pour débarrasser les cordes croisées et, étant myope, il a fait cette opération des centaines de fois, avec le péril imminent de se précipiter dans la profondeur de vingt mètres, en se balançant sur l'orifice du gouffre ; maintes fois suspendu ainsi sur cet abîme effroyable, la corde se rompant, une partie restant dans ses mains, il s'est vu renversé tout sanglant, avec des contusions, des blessures aux pieds, aux mains, aux coudes et à la tête, roulant du bas du parapet dans un autre précipice qui conduisait à la profondeur du four de la briqueterie.

Un dernier lundi de Carnaval, servant à six heures matutinales la messe à un prêtre nommé Père René, à Saint-Aphrodise, le jeune Mayneau s'évanouit, et l'angle intérieur de son œil droit frappa la queue de la sonnette de bronze ; au même instant, le prêtre, quoique bien sourd, s'en aperçut, l'enleva et le porta à la sacristie ; sans ce prompt secours, la queue de la sonnette lui aurait crevé l'œil, en s'y enfonçant par le poids de son corps.

Étant âgé d'environ treize ans, une après-midi, à deux heures moins un quart, appréhendant de ne pas arriver à l'heure, à la minute au collége; courant de toutes ses forces, il frappa fortement de son nez une bille de chêne dépassant le brancard d'une charrette de voyage, mal placée devant la porte Napoléon; sa myopie, en courant, ne s'était point aperçue du péril de se tuer; son nez s'écrasa, la figure toute ensanglantée, il crut expirer.

Voilà, en raccourci, le tableau frappant des catastrophes effrayantes qu'a traversées saine et sauve l'enfance de l'abbé Mayneau; sur l'arène bitterroise.

Il y a impossibilité de narrer entièrement tous les périls imminents dont il a été vainqueur, à la lueur de l'étoile de la mer; il faudrait descendre dans des détails minutieux qui n'offriraient aucun intérêt triomphant. Parcourons les grands coups périclitants de son adolescence et ensuite de la maturité de son âge et de ses longs voyages, en arrivant aux palmes brillantes et solides de sa couronne sexagénaire, sans infirmité aucune

En 1814, M. l'abbé Chavardès, qui est aujourd'hui notaire à Bédarieux, n'osant pas monter un cheval de quatre ans, qu'il savait avoir appartenu à un général, qui en avait été tué en l'essayant, pria l'abbé Mayneau d'y monter en allant à Nissan, par le chemin de Narbonne. Ce maudit cheval, effrayé d'un arbrisseau immobile fort éloigné de lui, fit le saut de chèvre *bis* répété sur le côté droit en arc de triomphe, la tête en bas et les pieds de derrière en l'air; l'abbé Meyneau, âgé de 17 ans, y étant solidement assis en califourchon ne perdit pas heureusement l'équilibre, il ne donna pas même un seul signe d'équilibre perdu, mais après ce grand péril de mort il en descendit avec sagesse pour ne plus y remonter.

Plusieurs jeunes spectateurs qui le suivaient derrière, dans cette promenade, et qui espéraient lui voir mordre la poussière, s'écrièrent : Sur mille écuyers, il n'en aurait pas échappé un seul sans être renversé et écrasé.

En 1826, dans l'octave de la Toussaint, à sept heures du soir, au beau clair de la lune, monté à cheval, allant au pas sur une côte du chemin de Bédarieux, en face de la maison de campagne nommée Sagnes, un brigand allongé sur un petit tertre, s'éleva tout-à-coup, portant un grand chapeau à la française et un long fusil, le cheval effrayé se détourna au moment que le brigand allait se saisir de la bride, et son fusil tomba à terre, l'abbé Meyneau autant effrayé que son cheval lui donna à l'instant un coup d'éperon ; dans dix minutes il fit la lieue, et arriva sain et sauf à son domicile bitterrois sans avoir envie de se mettre à table.

Dans le cours de ladite année, voyageant de Lyon à Bordeaux, de Bordeaux à Agen, il fallut descendre de voiture pour s'embarquer dans un fleuve navigable, y étant arrivé à onze heures de nuit, l'abbé Mayneau, en attendant l'heure de l'embarquement, se promenait près de l'embarcadère, et au moment qu'il allait avancer un pied dans le profond gouffre liquide, sans le voir, étant myope, une bonne dame lui cria : M. l'abbé arrêtez-vous, vous êtes sur la rive de l'eau extrêmement profonde.

En continuant son voyage pour aller prêcher à Toulouse, avant d'y arriver, un individu bien costumé engagea l'abbé Mayneau de venir, avec lui, loger à l'hôtel des Trois-Mulets, dont il lui faisait un grand éloge ; l'abbé Mayneau y étant logé et dormant fort bien dans son lit, vers minuit, la couverture et le drap de lit lui ayant été enlevés, il s'éveilla et reconnut cet individu brigand, le poignard à la main et la vieille servante, à la figure brigantine, tenant la lampe; ils prirent la fuite aussitôt; l'abbé fut de suite fermer la porte de sa chambre entièrement ouverte, il y plaça une table et toutes les chaises et attendit, sans sommeil, le jour ; il s'informa de cet hôtel, et apprit qu'il avait été soupçonné de quelqu'autre fait semblable.

Cette même année, partant de Nîmes à huit heures du soir pour aller au Saint-Esprit, espérant partir avec beaucoup de voyageurs il se trouva seul dans la voiture, étant arrivé sur le pont du Gard, le conducteur avec le rélayeur, son confident, arrêta la voiture et pendant un quart d'heure ces deux brigands contestaient pour le faire descendre par force de voiture; l'abbé Mayneau qui, de la portière, voyait mieux qu'eux la magnificence du pont au beau clair de lune, résista à tous leurs efforts vigoureusement, dans l'appréhension de descendre malgré lui au fond de l'eau sous le pont du Gard; il commanda militairement d'aller en avant, comme s'il portait une arme à feu double; ils obéirent. Arrivé au Saint-Esprit, il fit apporter de suite sa male à l'hôtel le plus distingué : le maître d'hôtel ayant entendu la présente narration, lui dit : C'est une correspondance de septembriseurs, et vous êtes fort heureux de vous en être tiré à si bon compte avec la peur.

Après avoir prêché le carême de 1827 à Avignon, dans une vaste et antique église des Carmes, l'abbé Mayneau se chargea d'aller prier le général de la grande Chartreuse, de recevoir parmi ses fidèles enfants de Saint-Bruno, un personnage distingué sur le théâtre du monde, qui s'était converti à un de ses sermons, et qui désirait passer ses jours dans cette célèbre solitude.

L'abbé Mayneau se rendit pour cela à Grenoble, où, après avoir prêché à l'église de Saint-Louis, il demanda au maître

d'hôtel des Princes, où il était logé, la route directe pour arriver au plus tôt à la grande Chartreuse; au lieu de lui indi-
quer la grand'route, où la voiture y arrive sans péril, on lui
indiqua la plus mauvaise voie, où les chevaux indigènes les
plus expérimentés s'engloutissent quelquefois dans des précipices avec leurs cavaliers; on n'y voit que des sentiers de liè-
vres bordés de précipices.

Ce sont là les plus hautes montagnes des Alpes, remplies
de bêtes féroces, de serpents, de terribles ours et de loups.

L'abbé Mayneau se mit en route dans le mois d'avril de la
susdite année, il y avait alors trois pieds de neige glacée sur
ces monts formidables. Étant parti, le matin, à cheval avec
son guide aussi à cheval, il s'arrêta, le soir, à la montagne
nommée le *Sapé;* c'est là qu'un simple montagnard leur apprit
que de nombreux chasseurs guerriers avaient tué depuis peu
de jours des loups et un ours mâle, sans avoir pu atteindre
avec leur meute de chiens l'ourse femelle et ses nombreux
oursons.

L'abbé Mayneau y coucha dans une chaumière de bois, sur
une paillasse d'un lit fort dur, ayant pour oreiller un sac de
son, et il s'éveilla à une heure de nuit par le mouvement
rapide de la couverture et du drap de lit, qui lui furent enlevés de dessus sa personne entièrement, sans sentir aucune
chaleur, il faisait froid; il appela de suite le guide, qui lui
avait promis de coucher dans un lit voisin, dans la même
pièce; il ne répondit point, il n'y était pas; l'abbé Mayneau
ne put pas dormir, il s'habilla et il lui tarda de quitter cet
asile de mauvais augure; il aimait mieux mourir au milieu
des périls, sur le champ de bataille des bêtes féroces, que
d'expirer pendant le sommeil.

Ils partirent à quatre heures du matin, avec toute la pluie,
sans ferrer à glace les deux chevaux qui bronchaient parfois

et glissaient souvent, continuellement montant et descendant sur des passages de lièvre, environnés de précipices de vingt ou de trente mètres de profondeur ; une pluie légère les suivit pendant deux ou trois heures tellement bien, que le velours noir, tout neuf, du manteau de l'abbé Mayneau, perdit entièrement sa couleur, il devint tout roux.

Etant arrivés au pied du mont Granson, qui est la plus haute montagne des Alpes, en tremblant toujours d'être précipités d'abîme en abîme, le cheval que montait l'abbé Mayneau, redoutant un précipice énorme, se détourna du sentier étroit et périlleux, porta son pied droit de devant dans un gouffre rempli de neige, s'y engloutit tout entier, la tête enfoncée la première, et par un effet incompréhensible l'abbé Mayneau se trouva droit debout, sur la rive droite du gouffre, avec son grand manteau, qui couvrait, en y étant monté, les quatre jambes du cheval jusqu'au-dessous de ses genoux ; il appela plusieurs fois le guide qui faisait la sourde oreille, pour ne pas s'exposer au péril qu'il avait traversé, et dont il n'avait pas averti l'abbé ; après plusieurs grands efforts ils arrachèrent le cheval de ce coupe-gorge.

Au milieu de tant de précipices incroyables, où l'on n'apercevait quelques chaumières qu'après une lieue de marche, le guide perdit la carte, il ne trouva plus la route pendant plus de dix minutes ; on ne voyait partout que la neige des rochers affreux et de pins moitié noirs, moitié blancs, sous un morne silence, étant tous les deux tous mouillés et à jeun depuis la veille.

L'abbé Mayneau, craignant que son cheval ne fit quelqu'autre chûte, essaya de marcher à pied ; sa jambe gauche s'enfonça jusqu'au fémur dans une crevasse de glace caverneuse, où l'on n'apercevait point le fond, et il est prodigieux qu'il ne se cassat point la jambe en plusieurs fragments ; elle fut grièvement meurtrie: et la cicatrice qui s'y voit encore bien distinctement, a un pouce et demi de longueur, au milieu de l'os tibia, bien au-dessous du genou.

Après avoir traversé, au milieu de tant de périls de mort, ce désert si affreux, ils passérent sous une roche énorme, qui menaçait de les écraser, et arrivèrent au désert de la Grande Chartreuse, où l'on voyait de toute part de bien belles horreurs.

En 1828, à Paris, quelques jours après avoir publié son premier ouvrage des *Abus de la France et des Libertés Gallicanes*, un individu, 'habillé de noir, vint le trouver à son domicile, rue de la Dauphine, n° 15, en face de l'église de Saint-Roch, et tenant à la main une arme cachée dans sa poche, lui dit en souriant : « Il me faut du pain, de l'or ou la vie. » L'abbé Mayneau effrayé, courut vers la porte, sortit de son appartement pour appeler du secours, et il s'en fut. Quelques jours après, ce bandit frêle, demi-savant, revint chez l'abbé, qui, en ouvrant la porte, la referma en voyant ce guet-apens, qui plaça son parapluie entre la porte et le pilastre. L'abbé Mayneau alors cria bien hautement: « Au secours! » et ce brigand descendit les degrés de l'escalier de quatre en quatre.

A la fin de la susdite année, passant sur le trottoir d'une grand'rue du faubourg de Saint-Germain à Paris ; au moment qu'il le quitta pour traverser une rue collatérale bien vaste, il se détourna et se vit entre deux cabriolets volant au grand galop, devant les deux moyeux des deux roues, qui se touchaient presque ; l'abbé Mayneau effrayé, s'écria : « O mon Dieu ; je suis perdu!... » les spectateurs de même; les deux conducteurs crurent lui avoir déchiré les entrailles, en fuyant avec la rapidité de l'éclair, l'un à droite et l'autre à gauche. Un brave homme, passant, s'écria : « Il faut que son ange gardien l'ait enlevé au-dessus de la roue. L'abbé Mayneau, accablé de l'étonnement du prodige, examina, sans aucun mal reçu, si ses vêtements avaient éprouvé quelque flétrissure? Point du tout, ils étaient sans salissure, au milieu d'un si grand péril de mort.

En 1828, dans son domicile, en face de Saint-Roch, à Paris, après avoir déjeuné, vers les dix heures du matin, avec une mauvaise tasse de lait, s'étant trouvé indisposé une heure et demie après, il sentit un besoin diurétique fort pénible; et, ouvrant la fenêtre pour respirer, le vase qu'il tenait à la main tomba et se cassa en plusieurs fragments, lui-même tomba en syncope, en arrière, l'occiput de sa tête frappa l'angle du pilastre d'une porte, il y eût une grave blessure au beau milieu du crâne postérieur, d'où le sang coula heureusement, sans quoi il aurait resté raide mort.

Il faut observer que dans le temps qu'il disait la messe, la laitière apporta le lait et le laissa sur une tablette, devant la porte de l'appartement. L'abbé Mayneau aperçut sur le milieu de la surface du lait une large tache brune, de la rondeur d'un centime; il enleva cette substance morbifique avec la cuillère, sans s'en douter, et prit la tasse de lait.

Plus tard, l'abbé Mayneau reconnut le coupable amateur de chimie délétère, qui demeurait dans la même maison, découvert dans une autre époque, criminel par d'autres noirs faits à peu près semblables, prouvés par des témoignages authentiques.

En 1830, à Paris, dans le mois de juillet, voyant venir à grand pas la Révolution, comme il l'avait prévue dans son *Traité des Abus*, à la page 300, il se hâta de quitter Paris et, en partant, il dit à quelques personnages : « Quand le feu sera à la capitale, moi, je serai à Béziers. » En effet, il y arriva deux jours avant les trois journées de juillet : il fut fort heureusement inspiré de retourner dans ses foyers ; car la maison où il logeait à Paris fut démolie par la puissance des canons.

Crut-on que l'abbé Mayneau y était encore ou non ? Nous n'en savons rien.

Après avoir traversé merveilleusement tant de périls de mort dans le giron de la capitale, il traversa les périls d'un orage dans sa région natale, pendant longtemps, de la part d'un hétérodoxe, pour s'être élevé dans le ciel de la gloire la plus pure, en défendant, au péril de sa vie, l'Eglise latine, en renversant les forteresses de ses ennemis acharnés.

Après avoir combattu vaillamment contre le philosophisme dans son génie du sacerdoce, et dans son triomphe de l'église, tous les deux divisés en trois livres, publiés à Paris. Après avoir, fort bien battu ostensiblement toutes les hérésies et tous les schismes antiques et modernes ; après avoir défait dans plusieurs combats littéraires l'audacieux rénégat Oéger, ancien premier vicaire de la cathédrale de Paris ; après avoir confondu par la puissance des lettres le schisme des puristes ; après avoir, pour ainsi dire, restauré dans l'histoire le trône de gloire des pontifes souverains sur le sol franc ; il traîna dans sa région natale, pendant près d'un demi-lustre, le bois et le roseau de Jésus, étant parvenu à la trente-troisième année de son âge et de celui du Sauveur.

Quelques années après, son malheureux antagoniste mourut après avoir rejeté le sacrement de la miséricorde divine, sans qu'il y eut possibilité de savoir dans quel temps bien reculé il l'avait reçu, et ses trois excitateurs furent fulminés du ciel latin, et ils périrent subitement à différentes époques, sans avoir eu le temps d'ouvrir les yeux à la lumière céleste, avant leur dernier soupir. Voilà le doigt de Dieu, *hic est digitus Dei*. (1)

Pendant cette épreuve céleste de presqu'un demi-lustre, l'abbé Mayneau, sans pension annuelle ni de l'Etat, ni de l'Eglise, y célébra journellement avec toute l'exactitude possible les saints mystères, *gratis pro deo*, à l'instar des anges ; voilà pourquoi il entreprit d'exploiter et de restaurer les biens paternels et maternels.

Il fit des plantations de plusieurs vignobles et de plusieurs vergers, et par sa connaissance de la géologie, il découvrit une source d'eau intarissable à la Présidente, dans une propriété qui, semée en luzerne, rapporta quatorze cents francs de rente annuelle pendant longues années, tandis que, avant la découverte de la source, sa rente annuelle ne payait point son exploitation.

Il prit, sous le nom de son père, la ferme de la propreté de la cité pour donner des engrais aux vignobles et aux céréales, et avec le bénéfice de cette ferme il fit construire des tonneaux et des cuves, il tripla les revenus annuels de la maison.

La possession paternelle et maternelle consistait en dix-neuf pièces de terre, dispersées aux environs de Béziers ; les unes à un quart de lieue ou demi-lieue, d'autres à une lieue et demie et d'autres jusqu'à deux lieues ; on ne pouvait les bien exploiter et les surveiller qu'à l'aide d'un excellent cheval ; l'abbé Mayneau, se servant de chevaux violents et vicieux que les domestiques n'osaient pas harnacher, il a failli main-

---

(1) Ces traits frappants pour les âmes de bonne foi sincère ne se trouvent point dans son ancienne biographie, qui fut imprimée à Paris en 1829, chez Stahl, imprimeur-libraire, quai des Augustins, No 9.

Cette biographie qui est dans la bibliothèque des auteurs modernes à la capitale, n'est qu'un abrégé et voilà pourquoi nous rapportons dans celle-ci, tous les faits et tous les voyages qui ont eu lieu depuis 1829 jusqu'à cette époque de la fin de 1859.

tes fois périr sous leurs pieds en en faisant usage pour aller surveiller les ouvriers agricoles, pendant les glaces de l'hiver et les feux de l'été, soit avant l'aurore ou au crépuscule, plusieurs fois la semaine, pendant plusieurs années consécutives.

En 1832, un beau matin, avant l'aurore, pendant le mois d'août, quittant sa couche solitaire en adorant Jésus et saluant Marie, il descendit à l'étable pour harnacher le cheval ; en lui mettant la bride il en fut mordu et en lui mettant la selle il faillit en être éventré par un coup de pied de derrière : n'importe, il monta à cheval seul sans auxiliaire selon son usage en soutane retroussée, ne la quittant jamais qu'au lit ; dans une heure il fit deux lieues ; à quatre heures précises du matin il arriva à St-Aubin, terroir de Nissan, pour donner des ordres aux moissonneurs, qui au lieu de couper le froment trop mûr, avaient commencé par le blé verdoyant. Le Maire de Nissan, qui était à la tête de ses moissonneurs, dans son champ voisin, fut étonné en le complimentant de son réveil admirablement matutinal.

Après avoir donné ses ordres, exécutés en sa présence, sans descendre du cheval, il se mit en route au galop et eut le temps de se préparer à célébrer la messe à Béziers, à six heures, selon son usage.

Dans une époque d'hiver en 1835, venant de Ponticheri, terroir d'une propriété paternelle, arrivant par le chemin de Bédarieux avec une pluie légère, au crépuscule, devant la maison de campagne nommée la Font-Neuve ; le cheval allant au galop s'abattit avec précipitation à la pente de la côte ; l'abbé Mayneau, monté dessus avec les embarras de sa soutane et de son vaste manteau qui couvrait les quatre jambes du cheval jusqu'au dessous des genoux, par un effet incompréhensible, sembla voler par-dessus la tête du cheval en courant debout, sans tomber à terre cinq à six pas en avant.

En général, quand un cheval s'abat, nécessairement il tombe sur une jambe de son cavalier avec le péril de la lui casser; mais l'abbé Mayneau, qui a vu maintes fois son cheval abattu, n'a jamais eu ses jambes dessous, il s'est soustrait toujours de ces catastrophes, sain et sauf, sans contusion.

Bien des fois son cheval, allant au grand galop, lui a fait le saut de mouton ou celui de chèvre, soit pendant la pluie, pendant l'ouragan; il n'est jamais tombé, il n'a jamais perdu l'équilibre, sans n'avoir jamais reçu des leçons d'équitation.

En 1837, traversant à cheval les splendides rues récentes, riveraines de l'Orb; arrivé au galop au faubourg nommé Barris, le cheval, effrayé des exhalaisons putrides des tanneries, fit un saut de chèvre terrible et, retrogradant subitement, prit le mors aux dents sur la côte rapide située sous la roche menaçante de Tourventouze. L'abbé, sans faire arrêter son cheval par la force de son poignet, le fit détourner en tourbillon vers les tanneries, où le cheval, sentant de nouveau les vapeurs fétides, se cabra plusieurs fois; l'abbé lui lança dans les flancs quelques coups d'éperon, et le cheval vola sur le pavé de pierres froides du pont; ses pieds tiraient du feu et un de ses fers s'éleva dans l'espace. Il arriva sain et sauf, trempé de sueur, à la luzernière, près la Présidente, afin de faire enlever tout le fourrage le samedi, dans l'appréhension que les ouvriers agricoles ne laissassent du travail à faire pour le dimanche.

Le 16 novembre 1843, étant à Marseille pour attendre le jour du départ du bateau de poste, sur mer, l'abbé Mayneau logea à l'hôtel de Naples, où il n'y avait que lui, sans aucun autre voyageur; à minuit, il entendit frapper brusquement à la porte de sa chambre, et une voix audacieuse le sommait de venir aussitôt confesser un malade; l'abbé, tout étonné, répondit qu'il fallait aller quérir le curé : ces brigands frappèrent plus fort la porte à plusieurs coups répétés, comme s'ils voulaient l'enfoncer.

L'abbé, fort embarrassé, s'écria : « Dans le doute que ce soit un moribond contrit, grand Dieu! je vous fait le sacrifice de ma vie pour le sauver ! » Il se leva, mit son grand manteau, tenant en avant ses deux mains, comme s'il tenait deux pistolets cachés sous son manteau ; il ouvrit la porte et effraya les trois puissants coupe-jarrets qui l'y attendaient en guet-apens, tenant à la main cachée leur silencieux poignard que le manteau trahit; son vêtement et sa démarche guerrière les fit tous trembler; ils le conduisirent dans le salon du prétendu malade, qui, assis sur un fauteuil, faisait semblant de tousser avec effort, sans dire un seul mot; l'abbé se retira promptement, et en sortant de ce salon, un des trois brigands entra avec une barre de fer dans la cuisine, qui était en face, et les deux autres assassins, sans apparence, sollicitaient, avec des instances réitérées, l'abbé d'y entrer ; mais l'abbé Mayneau, au lieu d'y entrer pour en être égorgé infailliblement, vola sur les degrés, de deux en deux, et arriva, sans lumière, dans deux secondes, à sa chambre, qu'il ouvrit promptement avec la clef qu'il tenait dans sa main, pour lui servir d'arme menaçante. Il barricada la porte avec une grande table et toutes les chaises. La fenêtre de son asile donnait sur une rue publique, avec un reverbère qui l'éclairait : tout cela le rassura assez pour dormir paisiblement jusqu'au grand jour, jusqu'à l'heure du départ. Ensuite, étant sorti victorieusement de ce coupe-gorge, il chargea un individu d'avertir la police.

L'abbé Mayneau, le 17 novembre 1843, s'embarqua au port de Marseille, à dix heures du matin, dans un vaisseau napolitain, nommé Marie-Antoinette, pour aller à Rome.

Le vaisseau était en pleine mer à neuf heures du soir; une

terrible tempête fit entendre ses mugissements formidables, la foudre gronda pendant plusieurs heures, des éclairs incessants sillonnaient les nuages noircis dans toute la vaste étendue des cieux ; des masses de pluie et de grêle tombaient sur le pont en le submergeant.

Un grand ouragan agitait le vaisseau et l'emportait sur l'éminence des montagnes des flots affreusement courroucés dans l'espace céleste et le précipitait dans l'abîme liquide.

On jeta l'ancre cent fois pour fixer le vaisseau, mais il n'y eût point possibilité. Les pilotes avaient perdu tout espoir de salut ; ils imploraient le secours de l'étoile de la mer, qu'ils avaient longtemps perdue de vue.

Tous les voyageurs, au nombre de cent ou de quatre-vingts, eûrent tous le mal de mer ; ils vomirent toute la nuit, et même les voyageurs de mer qui n'avaient jamais vomi dans les plus grandes tempêtes, vomirent alors terriblement pendant celle-là, véritablement inouie.

L'abbé Mayneau vomit pendant une heure ; il arrêta le vomissement par la prière, à l'aide de trois gouttes d'éther. Etant constamment balancé dans son lit marin fort étroit, sa tête et ses pieds frappaient successivement le plafond ligneux ; le vaisseau semblait se disloquer à chaque instant dans toutes ses plus petites parties essentielles.

L'abbé Mayneau, qui s'était embarqué pour la première fois, passa la nuit en prière sans pouvoir fermer les yeux ; il fit cent fois l'acte de contrition du plus profond de son cœur, croyant, avec raison, périr dans l'abîme des ondes, de ne plus revoir sa patrie natale chérie, et d'aller contempler de près les tabernacles éternels.

Après deux mois de séjour à Rome, pendant le carême de 1844, contemplant, après dîné, avec un beau ciel pur et serein, le pont romain, appelé *Pontémollé,* sous lequel passe le Tibre, dix buffles tous noirs, horribles à la vue, arrivèrent sur ce pont, leur conducteur à cheval tenant à la main une fort longue lance, avertit le public de se mettre en sûreté contre ces animaux farouches. Tout le public trembla, les uns se placèrent sur le parapet du pont, d'autres se cachèrent derrière des haies touffues; les voitures s'arrêtèrent sur les bords de la route pour les laisser librement passer, sans danger pour elles.

L'abbé Mayneau se plaça à l'extrémité de la grand'route, entre deux voitures, en face du gardien, qui était à l'autre extrémité opposée; un buffle écumant de rage, sortant du *Pontémollé*, passa comme un éclair entre une haie et le gardien, et en traversant la grand'route pour suivre le chemin gauche de la traverse qui conduisait à sa prairie; il s'élança de soixante pas sur l'abbé Mayneau, qui, par un effet de la Providence regardant derrière, aperçut le noir monstre fondre sur lui ; à l'instant quittant la voiture où il s'était appuyé et contre laquelle il aurait été écrasé, fit quelques pas vers le gardien, en criant : Grand Dieu! je suis perdu.

Le buffle furieux le prit avec son naseau et ses cornes, par le postérieur de l'anus, et le fit voler dans les airs à neuf mètres de hauteur; cent témoins oculaires qui le virent dans l'espace éthéré le crurent mort, fracassé en cent pièces, et selon les lois de la nature cela aurait dû être ainsi.

En tombant de la hauteur de neuf mètres au moins, ses vastes vêtements se gonflèrent en forme de parasol renversé, de manière que la hauteur de la culotte se placarda la première dans le bourbier, le dessous de la soutane fut remplie de boue jusqu'à la ceinture, et la surface extérieure ne reçut aucune salissure.

Ce bourbier fort moelleux n'était que de l'espace du siége

d'un homme, et toute la vaste étendue de là grand'route n'était qu'un glacis de pierre froide.

Plusieurs témoins furent tentés de croire que son ange gardien l'avait soutenu dans l'espace si éminent, et qu'il l'avait déposé avec grâce sur ce tendre matelas de boue sans qu'il put recevoir ni contusion, ni aucune blessure.

L'abbé Mayneau à peine tombé de l'éminence formidable de l'espace éthéré, se leva lui seul hardiment sans aucun auxiliaire, sentant de suite lui-même le bonheur du miracle de n'être ni blessé, ni mort. Il chercha son chapeau, qui était à cinq ou six pas de lui, et ses lunettes qu'il ne trouva plus sur ce champ de bataille, monument éternel de la protection divine envers ses enfants chéris; il nétoya lui-même ses vêtements et fit trois quarts de lieue à pied sans sentir aucune douleur pour arriver au collége Romain, près duquel était son domicile, avec ses deux compagnons de promenade, un prêtre du Canada et un diacre Français.

Le lendemain, fort matin, l'abbé Mayneau, après avoir célébré la messe d'actions de grâces, sentit en s'assayant une légère douleur au postérieur de l'anus que le naseau du buffle avait fortement frappé, et une simple douleur à une côte que sa corne avait piquée.

Ce fut la nouvelle du jour dans toute la cité sainte, et l'écho merveilleux s'élevant en harmonie de bouche en bouche mystique, arriva sous les lambris dorés du palais de l'ambassade française, sur le beau trône de Grégoire XVI.

En 1845, à Rome, à neuf heures du matin, l'abbé Mayneau allait dire la messe à l'Eglise de la Madona, *Dei Monti*, un romain de la lie du peuple, lança, à dix ou douze pas derrière lui, une pierre froide de la grosseur de la tête ; cette effrayante pierre, comme un boulet, siffla en volant à coté de son chapeau, et tombant sur le dur pavé de la rue, à quelques pas de ses pieds, devant la porte de cette Eglise, fit un éclat de bombe, et ses écailles éparses firent l'effet de la mitraille. Comment! grand Dieu! s'écria l'abbé, nous sommes toujours sur le champ de bataille sans jamais être averti de l'heure du combat, comme parmi les buffles sauvages!

En 1846, à Rome, étant à table, à six heures du soir, dans un hôtel voisin de la Madona del Pascolo, l'abbé Mayneau parlant de théologie et de philosophie, réfutant solennellement le philosophisme biscornu d'un écuyer bouillant, qui mangeait à son côté droit. Ce négociant de chevaux, lui dit qu'il était mélancolique et que dans la mélancolie il le poignarderait; au même instant, un vigoureux vieillard savant littérateur qui l'entendit, quitta son siège promptement et fut arrêter sa main et son poignard; l'abbé, se retira silencieusement en bénissant la Providence de n'y avoir pas été poignardé par la défaite d'un philosophiste matériel.

Au commencement du mois de février 1846, l'abbé Mayneau, fut délégué de l'illustre Pape Grégoire XVI, en qualité de protonotaire apostolique de France, il traversa la mer, se rendit à Vivier, et avec l'agrément de l'évêque de ce diocèse, qui le désirait, il établit à Bourg St-Andéol, son tribunal ecclésiastique pour la procédure examinatoire des vertus héroïques de l'illustre Marie Rivier, fondatrice de cent trente établissements d'éducation religieuse en France.

L'abbé Mayneau, en qualité de chef protonotaire apostolique de France, délégué du Pape, constitua de son droit légal et de son choix les juges, le président, les juges adjoints, les huissiers et les promoteurs fiscaux; il leur fit prêter après lui, tenant la main sur l'évangile, serment de fidélité aux constitutions romaines, au pied de l'évêque du lieu, qui les agréa avec une douce satisfaction.

Cette importante et glorieuse cause dura six mois, deux

séances par jour, quatre heures le matin et quatre heures
après-midi journellement à l'exception du dimanche où l'abbé
Mayneau prêchait bien des fois ; il écrivit de sa main qua-
rante-neuf mains de papier, lui seul recevait les rapports
des témoignagnes en présence du tribunal qui était juge té-
moin de leur véracité, réveillant toujours lui-même l'attention
des membres juridiques ; à chaque séance, faisant signer le
président, les juges et le promoteur, et par son droit légal
obligatoire faisant fonction de cardinal, il visait après chaque séance la signature du président, des juges, du promoteur
ainsi que la signature de l'évêque du lieu quand elle s'y trou-
vait dans quelqu'acte d'attestation épiscopale.

Cette sainte cause fut agitée avec tant de zèle et avec tant
de feu, qu'un des juges, supérieur du séminaire, mourut d'une
attaque d'apoplexie ; l'avocat consistorial napolitain eut deux
attaques terribles distantes l'une de l'autre, il vomissait les
matières stercorales au milieu des tourments d'entrailles
portant sur son visage les sueurs de la mort, il ressemblait
dans ses agitations effroyables un damné déchiré par cent
monstres infernaux.

Le promoteur Vivarais, qui comme l'avocat consistorial, eut
trois attaques nocturnes, prêt à expirer avec des angoisses,
d'entrailles formidables, il n'eut plus la force de continuer
ses fonctions fiscales ; il abandonna le siège un mois avant la
terminaison de la procédure éminemment sacrée.

C'est vraiment un prodige que l'abbé Mayneau ne soit pas
mort sur ce terrible champ de bataille littéraire, où il con-
quit une double corpulence, tout brillant de santé sans aucune indisposition d'un seul jour, portant lui seul tout le
poids des plus grandes fatigues en présence du tribunal,
étant lui-même alors âgé d'environ cinquante ans.

Non-seulement l'abbé Mayneau embrassa de grand cœur

le péril imminent de démolir sa santé et sa vie sur cette
arène sacrée, en faisant pendant six mois consécutifs cette
fonction apostolique qui est au-dessus de la force humaine
des plus robustes écrivains, en écrivant huit heures par jour,
pendant six mois, au milieu de tant de débats sacrés et des
fonctions quotidiennes, matutinales et diurnes de son minis-
tère sacerdotal de confession et de prédication ; mais il a traversé encore bien des périls menaçants, où il a failli être pré-
cipité d'abîme en abîme, en parcourant à pied les plus hautes
montagnes affreuses du Vivarais, surtout à Montpézat, pour aller examiner avec son tribunal le berceau natal de l'héroïne,
environné de plusieurs grands cratères des volcans antiques.

Quand la cause sacrée fut couronnée d'un fort heureux
succès paraphé de sa signature et sigillée de son propre sceau
et déposée dans les archives de l'évêché de Vivier, il se retira
content et glorieux dans sa région natale pour ne plus la
quitter, et c'était bien là sa ferme résolution en rappelant comme
saint Paul, les périls de mer, les périls de terre, les périls
des larrons et les périls des faux frères ; mais une puissance
céleste le poussa l'épée aux reins pour aller en personne ven-
ger l'esprit saint qui nous annonce clairement dans la Bible
que le soleil fait sa révolution diurne et annuelle, tandis que
l'impiété de l'astronomie de deux siècles à prétendu que le
soleil était fixe.

L'abbé Mayneau partit de Béziers pour Paris pendant les
glaces de l'hiver au commencement de 1847, après y avoir
composé un discours sur les progrès des sciences et des arts,
dans lequel était placée sa découverte de la révolution du
soleil, prouvée mathématiquement, qu'il fit imprimer et pu-
blier à la capitale, en personne, le 25 mars 1847. Il envoya
un exemplaire aux fameux astronomes qui ne purent point
le contredire ni le refuter.

Cette découverte céleste avec son discours sur les progrès des sciences et des arts fut accueillie avec applaudissement de l'Académie Royale de la jeunesse, et le duc de Montpensier qui en était le président d'honneur envoya à l'abbé Mayneau une lettre de félicitation ainsi que la Reine; ces deux lettres avec leurs sceaux royaux sont encore conservées dans son cabinet littéraire à Béziers.

Voilà l'abbé Mayneau au milieu des plus beaux rayons de la gloire conquise dans la hauteur des cieux, mais toujours au milieu des périls de la mort.

Une disette de pain se faisait sentir dans Paris, et un coup révolutionnaire se tramait; il lui tardait de quitter la capitale afin de retourner à Rome pour des affaires importantes de sa délégation apostolique.

La veille de son départ il rencontra près de son hôtel d'excellents frères de l'école chrétienne, en voiture, qui allaient à l'église de St-Jacques, où devait avoir lieu une réunion de littérateurs religieux à laquelle devait assister plusieurs évêques; l'abbé Mayneau invité par eux accepta leur offre gracieuse; étant arrivé dans la nef et le cœur de St-Jacques, le curé avertit l'auditoire que plusieurs princes de l'église qui devaient l'honorer de leur présence avaient été empêchés par des causes graves.

Quand l'abbé Mayneau eut entendu différents discours de cette jeunesse réunie, il comprit de suite que c'était une fusion d'opinions disparates, et la dernière poésie prononcée par un jeune homme maigre et de basse taille le fit trembler; ce libertin termina la lecture de sa vermine, à peu près en ces termes :

> Brisons nos chaînes tous,
> Il n'est qu'un vil drapeau sur un roseau flottant !
> Vrais guerriers levons-nous,
> Vrais martyrs il est temps.

L'auditoire bénévole pressée jusqu'à la porte, se leva debout spontanément et fit un mugissement effrayant ; au même instant, par un effet de la Providence, heureusement un grand orage éclata et la fusion se fondit ; sans quoi l'autorité, qui connaissait la trame, aurait massacré les innocents et les coupables. C'était neuf heures de nuit.

L'abbé Mayneau partit le lendemain pour Marseille, et s'y embarquant, traversa la mer pour la troisième fois ; il se trouva à Rome pendant la république Romaine et pendant son siége d'un mois ; les bombes et les canons retentissaient la nuit et le jour. Un grand nombre de femmes enceintes, un grand nombre de vieilles et de vieillards, moururent de frayeur, ainsi que le célèbre cardinal Mezzophanti.

L'abbé Mayneau était logé au palais de Saint-Andrea delle Fratte ; il consolait un grand nombre de prêtres savants de différentes nations, qui y logeaient ensemble avec lui. On n'avait ni le courage de lire, ni de se récréer ; quand on pouvait dormir une heure entière sans s'éveiller, au milieu des incessants mugissements guerriers, c'était une consolation. L'abbé Mayneau, pour se distraire de ce vaste et noir coupe-gorge, composa, sur le siége de Rome et des Etats pontificaux, un poème qui est inédit.

Le 13 juin, au milieu du siége, allant dire la messe à une église voisine, à neuf heures du matin, sous les mugissements des canons et des bombes ; il fut arrêté par deux brigands soldats ; l'un d'eux saisit silencieusement, d'un seul coup de main, le manteau de l'abbé Mayneau avec tant de violence, que l'agrafe se rompit, la soutane se déboutonna et le Christ parut tout brillant sur sa poitrine ; l'autre, du côté droit, tenant le poignard à la main pour l'égorger, s'arrêta par son fanatisme religieux à la vue du crucifix.

Il fut conduit à un corps de garde voisin, se préparant à la mort ; au moment qu'il disait intérieurement : Marie, déli-vrez-moi de ces monstres. Un vicaire (1) entra, répondit de lui, et sur sa parole il recouvra sa liberté ; c'était l'époque où l'on assassinait les prêtres dans les rues, dans l'église, et qu'on en avait égorgé un grand nombre à Saint-Calixte en chantant, et en les poignardant à chaque refrain, jusqu'à leur dernier soupir.

Un autre jour, venant de se promener sur la place de la Trinité des Monts, en entrant dans la rue droite, une trentaine de soldats qui, portant tous leurs poignards, firent la chaîne en bouchant la rue, disant : c'est un noir, il faut le tuer ; deux de ces soldats s'avancèrent vers sa personne, le plus audacieux poussa fortement l'autre sur l'abbé Mayneau, qui se détourna merveilleusement, et s'approchant de la chaîne soldatesque, il leur dit : Je vous demande pardon, si vous vouliez me laisser passer vous me rendriez service. Un de la chaîne soldatesque recula et l'abbé Mayneau passa sain et sauf, et ce fut par un miracle miséricordieux qu'on lui laissa la vie.

De là, en arrivant à son domicile vainqueur d'un grand péril de mort, il tomba dans un péril plus imminent ; il fut serré fortement par la foule plébéienne, réunie dans le vaste passage de son habitation ; un de ces brigands lui porta un coup de poing sur l'estomac et un poignard traversa son manteau sans atteindre son corps.

Après le siége et la grande victoire remportée par les

____

(1) Par un effet de la Providence, le premier vicaire de Saint-Andrea delle Fratte, homme d'un âge très-mûr et courageux, ayant appris au même moment que l'abbé Mayneau était en arrestation dans le poste du voisinage, se hâta d'y aller pour le mettre en liberté, étant liés d'amitié ensemble depuis très-longtemps.

Français, allant dire la messe à une église, près la place
de la Colonne, une pensée sublime lui survint, de mettre
l'étui des lunettes à la main, comme si c'eût été une arme
défensive, afin que si quelque brigand se fut caché dans le
passage obscur qu'il fallait traverser, il put lui-même l'ef-
frayer par une arme apparente ; en effet, arrivé sur la porte
collatérale de cette église, il vit, dans le passage obscur, un
individu debout, appuyé sur son dos au mur gauche, la
main droite dans la poche, et à peine se fut-il aperçu du
bras de l'abbé Mayneau en action guerrière, qu'il partit
comme un éclair en jetant son poignard dans un coin obscur, croyant avoir été trahi par un des membres du com-
plot.

C'était l'époque où l'on assassinait un grand nombre de
soldats français, résidant dans Rome avec toute la puissance
de l'armée française ; on les poignardait dans les cafés, dans
les petites auberges et dans les maisons publiques de jeu et
d'autres divertissements (1).

____

(1) Nous aurions voulu parler des antiquités romaines que l'abbé Mayneau
a observées pendant six ans, qu'il a demeuré à Rome ; mais nous nous conten-
terons de parler brièvement de quelques antiquités religieuses qu'il a observées.

L'abbé Mayneau a visité la profondeur intérieure souterraine des catacombes de saint Sébastien, ainsi que celle des catacombes de saint Agnès, où les
voyageurs, craignant le danger, ne se hasardent point d'y entrer.

Il visita le tombeau souterrain des Apôtres, la maison souterraine de
saint Mamerti, où saint Pierre fut incarcéré avec saint Paul, avant leur
martyre. Il visitait très-souvent l'amphithéâtre de Vespasien, où tant de
martyrs ont versé leur sang pour la foi.

L'abbé Mayneau a visité souvent l'escalier en marbre de Pilate, où Jésus
était monté avant sa flagellation ; l'abbé Mayneau l'a monté bien des fois à
genoux, selon l'usage romain.

Il a visité, hors des murs de Rome, le saint lieu où saint Paul fut décapité ;
il a visité aussi le Mont d'Or, où saint Pierre fut crucifié la tête en bas.

L'abbé Mayneau, le 17 décembre 1850, quitta Rome et ses nombreux périls de mort ; il traversa, pour la quatrième fois, la mer avec ses périls effrayants : la mer était fort houleuse alors ; il arriva à Béziers la veille de 1851, et c'est en 1851 qu'il faillit être assassiné.

Le 3 décembre de ladite année, vers les sept heures du soir, sortant des offices nocturnes de l'église de St-Aphrodise, après la terminaison de la festivité de St-François-Xavier, l'abbé Mayneau, arrivé à l'extrémité de la rue Vanière, rencontra un rassemblement de brigands étrangers, portant tous sur leur personne des pistolets ou des poignards ; l'abbé Mayneau, pour arriver à son domicile, fut contraint de traverser l'épaisseur de ce vaste rempart de monstres, qui obstruaient le passage à dessein. Tout-à-coup, une grêle de vociférations se fit entendre comme le mugissement des bêtes féroces : « *Biro lou, aousso lou* », c'est-à-dire : « Pendez-le, tuez-le. » Chacun d'eux commanda l'œuvre homicide et aucun d'eux n'osa l'exécuter. L'abbé Mayneau arriva dans ses foyers en

---

Il a visité le saint lieu où sont des reliques de Jésus et de Marie ; il a vu la table où Jésus fit la cène avec ses Apôtres ; il a vu les reliquaires qui contiennent le bois de la vraie croix, quelques épines de la couronne du Sauveur et un clou qui existe encore, ainsi que le mouchoir de sainte Véronique qui en essuya la face auguste de Jésus-Christ.

L'abbé Mayneau visitait très-souvent le tombeau du bienheureux Léonarde, ancien fameux missionnaire, dont le corps mort, tout frais, sans aucune putréfaction, revêtu de sa propre robe nullement détériorée, semble tout vivant dans un sommeil divin.

Sa tête, sa figure, ses mains et ses pieds découverts et bien visibles, n'offrent aucune pâleur, et présentent le teint d'une puissante santé céleste ; cependant il y a environ un demi-siècle qu'il est mort ; il est environné d'un vitrage et placé sous le grand maître-autel de l'église des Capucins, édifiée sur la plus haute éminence, qui faisait partie des ruines du palais doré de Néron.

Enfin, dans l'église de Saint-Pierre-aux-Liens, l'abbé Mayneau baisa les chaînes dont avait été chargé saint Pierre, prince des apôtres.

tremblant et en rendant grâces au Tout-Puissant de lui avoir conservé la vie. Le lendemain, à six heures du matin, éclata la révolution, qui avorta avec une grande quantité de blessés et de morts.

Vers la fin de 1852, un scélérat des régions barbares attendit, en guet-apens, pendant trois soirées, l'abbé pour l'égorger, espérant par ce forfait, s'emparer de ses trésors; mais, par un effet providentiel, l'abbé, sans le savoir, passa contre son usage par une porte collatérale, et le troisième soir, l'assassin, courant à toutes jambes, arriva à la porte, en levant le loquet, en laissant tomber son arme sur le seuil de la porte, au même instant que l'abbé Mayneau faisait le premier tour de clef pour fermer; c'était neuf heures du soir.

En 1853, ayant fait construire une petite maison de campagne, sur la plus haute éminence des environs de Béziers; étant occupé un jour à en peindre à la fresque le plafond d'une salle, l'échafaudage, chargé de plusieurs vases de diverses couleurs, s'écroula, et lui-même, perché sur une échelle, se renversa, et le beau milieu du derrière de la tête frappa fortement contre l'angle aigu du pilastre pierreux d'une porte; le crâne faillit s'ouvrir par le milieu, et, tout sanglant, il releva seul son échafaudage, en continuant à peindre. Une catastrophe semblable lui arriva à Rome en peignant son appartement.

Depuis le berceau de sa naissance jusqu'au brillant crépuscule de sa carrière sexagénaire, sa tête a traversé cent fois des périls imminents de mort; elle a été toujours imprenable, toujours résistant au tranchant de la mort; elle n'a jamais pu être démolie.

Pendant la susdite année, l'abbé Mayneau, âgé de 56 ans, pour aller donner des ordres essentiels aux agricoles de sa propriété, à St-Aubin, près de Nissan, distante de son domicile natal de deux lieues, il se servit par nécessité d'un cheval vicieux; il y avait péril de mort pour le monter et péril de mort pour en descendre; il avait tous les vices : il était rétif, ombrageux, ruant et se cabrant; y étant monté par nécessité absolue, sans connaître ses défauts alarmants, il partit au grand galop et, arrivant à Saint-Aubin, il l'attacha solidement à un vigoureux amandier; il rompit le licou, la bride et la selle et se précipita en tombant et en s'éculant dans un vaste et profond fossé; si l'abbé Mayneau eût été à deux lignes plus près du cheval, il aurait été écrasé comme un anchois; un des laboureurs se chargea de l'attacher à un rayon d'une forte charrette, avec un licou tout neuf.

Le soir, après la journée, l'abbé Mayneau résolut de monter sur le cheval, solidement attaché et fortement tenu à la mâchoire et à la bride par un des plus habiles et des plus forts charretiers, nommé Pinot; à peine son pied gauche fut mis dans l'étrier, que le cheval rompit son licou tout neuf et s'abattit sur ses jambes de derrière; l'abbé Mayneau resta debout immobile en califourchon, son pied gauche appuyé sur l'étrier; le cheval s'étant relevé, il fit deux lieues dans une heure.

Un individu juste, qui vit l'abbé dans cette position, s'écria : Le bon Dieu l'a tenu en l'air. On ne peut pas l'expliquer différemment.

Depuis cette époque, âgé de 56 ans, il n'a plus voulu monter aucun cheval vicieux; il a préféré faire deux lieues à pied la matin en allant au champ, et deux lieues le soir en retournant après avoir été sur pied tout le jour pour faire travailler ses ouvriers et ses ouvrières agricoles en leur expliquant à propos l'évangile avec le courage de conduire ces simples âmes vers le royaume des cieux, en leur faisant la

morale sans cesse pendant toutes les époques de ses exploi-
tations agronomes et viticoles.

Le 24 septembre 1857, fête de Notre-Dame de la Rédemp-
tion des Captifs, un orage des plus formidables, que les
hommes vivants n'avaient jamais vu, la foudre tomba dans
Béziers et dans plusieurs villages circonvoisins, la pluie dura
cinq jours. Cette tempête s'étendit dans tout le département
de l'Hérault.

Une quantité de maisons, voisines des torrents, furent dé-
molies et leurs familles perdues et mortes dans la fureur des
eaux ; la plupart des chemins furent délabrés et principalement les chemins de fer ; on a évalué les dommages à huit
millions, sans compter les ravages incalculables de l'entraî-
nement des terrains et des champs labourés ou semés, ainsi
que des fragments de vignobles déracinés avec une quantité
d'arbres arrachés. A Béziers, la plupart des maisons furent
inondées par la toiture, et toutes les caves reçurent une
abondance d'eau ; les rues ressemblaient à des torrents ; les rou-
tes, les champs et les vignobles ressemblaient à des lacs ; la pluie
tombait non pas par goutte à goutte, mais comme par tonneau défoncé.

Le premier jour de cet incomparable orage, les grands
éclats inouis du tonnerre retentirent avec leurs formidables
mugissements, pendant trois heures consécutives, faisant
trembler la cité et ses murs inébranlables, depuis neuf heures
jusqu'après-midi où le soleil parut dans toute sa magnificence pendant un quart-d'heure uniquement.

Au commencement des mugissements de la foudre, l'abbé
Mayneau, qui n'en a jamais été effrayé, écrivait paisiblement
pendant une heure ; mais à dix heures, entendant plusieurs
gouttières tomber dans son cabinet littéraire, il vola au grenier seul, sans domestique, quoique âgé de 60 ans. Par une

petite fenêtre, il jeta pendant près de deux heures avec un vase, l'eau pluviale qui coulait du toit comme des fontaines, que recevaient des conques vastes et profondes; la foudre éclatante mugissait perpendiculairement sur l'observatoire de son édifice où domine une croix ligneuse.

Au plus fort de l'orage, l'abbé Mayneau, accablé de fatigue, tout trempé de sueur, depuis la tête jusqu'aux pieds, s'étant meurtri l'os de la jambe gauche en heurtant contre une branche d'olivier, ayant frappé de la tête une poutre maintes fois, un énorme coup de foudre, le plus formidable de tout l'orage, en forme d'un vaste brasier ardent, éclata sur sa tête au moment qu'il se présenta à la fenêtre pour déverser le vase d'eau qu'il tenait à sa main droite; au même instant, l'intérieur de ses entrailles, de ses jambes, de sa tête et de tout son corps, éprouva un tremblement soudain incompréhensible et inexplicable; il fut s'asseoir sur un peu de paille du grenier, en rendant mille actions de grâces à l'Eternel Tout-Puissant, et il y goûta des délices suaves pendant un quart d'heure.

Il paraît que le foyer de l'électricité fulminante se fondit dans la quantité d'eau que contenait le vase et qu'une légère étincelle pénétra dans l'intérieur de sa personne, sans autre indisposition que le tremblement instantané.

Il faut nécessairement convenir que l'abbé Mayneau n'est parvenu à son âge sexagénaire, sans infirmité, constamment que par des milliers de prodiges, à travers des milliers de périls imminents de mort, depuis le berceau de sa naissance jusques au point sublime de sa brillante carrière présente.

L'éducation de son enfance ne fut soignée que par la simplicité franche de ses parents propriétaires, artistes fabricants, et par quelques écoles ordinaires.

Il était l'enfant le plus chéri de toute la famille, et parti-
culièrement de son grand-père maternel, tellement bien qu'à
l'âge de cinq ans, ayant eu la petite vérole et étant dangereu-
sement malade, son grand-père maternel le transporta dans
sa maison voisine pour le mieux faire soigner, et afin que sa
mère put avoir un plus grand soin de son second fils, quoique
moins malade.

Après quelques jours, la mère fut chercher son fils aîné
chez son père; elle le chérissait si fort, dans son antérieure
beauté, qu'elle ne le reconnut plus pour son enfant; elle se
disait souvent, en examinant attentivement sa figure toute
couverte de cicatrices de petite vérole : Me l'aurait-on changé?
Tant il est vrai qu'une mère veut toujours beau l'enfant qu'elle
chérit. Les cicatrices véroliques disparurent avec le temps, et
il n'en reste qu'une ronde sur l'extrémité du nez et deux
légères tâches brunes oblongues, en parfaite symétrie sous
les deux narines, ayant été le produit d'une fièvre muqueuse
chronique, lesquelles disparurent après son adolescence en
faisant la barbe, qu'il a faite toujours lui-même jusqu'à ce jour,
ainsi que la coupe de ses cheveux, toujours bouclés naturellement.

Il n'a jamais été ménagé par ses parents, qui l'accoutu-
maient à tous les petits travaux de sa capacité ; quand, pendant l'été, un orage survenait pendant la nuit ou pendant le
jour et qu'il y avait une quantité de briques sur le sol de la
tuilerie, on l'appelait et il se rendait promptement pour aider,
de son mieux, à transporter dedans la marchandise, au milieu des éclairs et des éclats de la foudre, de la pluie ou de la
grêle; ayant été ainsi élevé sévèrement de son bas âge, il n'a
jamais eu peur de la foudre dans le cours de sa vie.

Ayant été élevé, dans son adolescence, à une sobriété cons-
tante et à l'usage du liquide, c'est-à-dire de l'eau arrosée de

quelques teintures vineuses, il ne lui a pas été difficile de
suivre ce régime pendant toute l'étendue de sa carrière, jusqu'à ce jour âgé de soixante-deux ans.

L'illustre Martin, curé de Saint-Aphrodise, ancien député
à Paris, pour défendre la Sainte-Eglise dans le temps de la
terreur, ancien professeur de philosophie et de théologie,
grand antagoniste de jansénie, fondateur de l'établissement des Frères de l'Ecole chrétienne et de celui des Dames
noires, dans la paroisse de Saint-Aphrodise à Béziers; c'est
avec éclat que paraît sur cette place son buste de bronze, que
la gratitude des plus savants et des plus sages de cette cité,
éleva avec un vrai orgeuil patriotique à la grandeur et à la
pureté de sa gloire justement acquise.

C'est ce grand prêtre, selon le cœur de Dieu, qui donna
l'éducation religieuse à l'abbé Mayneau, qui ouvrait à l'éminence de sa sagesse l'intérieur de son cœur et de ses confes-
sions depuis l'âge de dix ans jusqu'à sa mort.

C'est ce grand philosophe du Calvaire qui éleva l'abbé
Mayneau, par les effets prodigieux de ce grand axiôme bien
connu : *nitimur in vetitum;* il ne le louait jamais en face,
il avertissait ses professeurs de ne le vanter jamais, mais de
le traiter d'ignorant et de stupide; il avait donné le même
avertissement à sa mère qui exécutait ses avis parfaitement.

C'est ce grand homme de Dieu qui lui fit faire la première
communion et qui la lui donna de sa main, et en recevant
pour la première fois la sainte hostie, il fut saisi d'un trans-
port d'allégresse, goûtant les douceurs d'un rayon de miel
céleste, dont il ressentit dans son cœur et dans son palais la
suavité pendant une demi-heure entière.

Quand il le prépara pour recevoir la confirmation, après
lui avoir donné l'absolution, dans son cabinet de la sacristie,
il se leva spontanément debout et lui dit : Demande à Dieu

la science. C'était un fameux compliment pour l'abbé, âgé de 17 ans, doué d'une forte complexion, mais c'était pour le convaincre de son peu de capacité et de la nécessité de la demander à l'Eternel Tout-Puissant. L'évêque du lieu n'avait pas donné la confirmation dans Béziers depuis cinq ou six ans ; l'évêque de la Louisiane, venant de Rome, pour aller dans son diocèse lointain, s'arrêta à Béziers, et avec l'autorisation de l'évêque du lieu, donna la confirmation à l'abbé Mayneau, orné de son surplis, sur le marche-pied du maître-autel de l'ex-cathédrale de Béziers ; ensuite il donna la confirmation à quelques centaines d'hommes, et Mgr Fournier, évêque de Montpellier, donna en même temps la confirmation à quelques centaines de femmes dans la nef de ladite ex-cathédrale, c'était en 1814.

C'est par l'éducation que lui donnait l'illustre grand prêtre Martin, que l'abbé Mayneau, depuis l'âge de douze ans, se levant à cinq heures du matin, a été constamment entendre et servir, *gratis pro Deo,* la messe à Saint-Aphrodise, à six heures, pendant sept années consécutives, tant en été qu'en hiver, pendant les mauvais temps, à travers la pluie, la boue, la neige, les glaçons et les éclats du tonnerre. Ainsi, il n'est pas étonnant qu'il ait conservé cet usage sévère jusqu'à sa carrière sexagénaire.

C'est par les effets merveilleux de cet axiôme : *nitimur in vetitum,* en faisant semblant de se rendre neutre, qu'il éleva l'abbé Mayneau à la grandeur du sacerdoce.

Ce grand homme de Dieu se glorifiait, dans plusieurs circonstances, que l'abbé Mayneau, devenu prêtre, était son élève ; et un jour, dans la sacristie, en présence d'un grand personnage, il dit : Voilà mon élève. En parlant de l'abbé Mayneau présent qui l'entendit, et qui, au lieu de le croire, croyait tout le contraire, mais quand l'illustre Martin lui eût dévoilé le secret entièrement, avec une explication bien claire, à son âge mûr du sacerdoce, l'abbé Mayneau se convainquit que le Tout-Puissant miséricordieux s'était servi principalement de son ingénieuse direction spirituelle pour le faire arriver triomphant au milieu des flambeaux de la brillante pureté du sanctuaire.

Ce vénérable confesseur de la foi latine se servait, à l'égard de l'abbé Mayneau, de saints stratagèmes qui semblaient être minutieux, mais qui, néanmoins, produisaient des effets merveilleux.

Ce fut par les lumineux conseils de ce grand héros de la foi latine que le jeune Mayneau, dans son adolescence, fuyait la fréquentation de la jeunesse libertine, gardait constamment la solitude, et après le travail du collége, du latin ou du grec, il passait ses récréations dans les hautes sciences et dans les beaux-arts. Sans jamais avoir eu un maître, il parvint à la connaissance et à l'harmonie de quelques instruments de musique; sans jamais avoir eu aucun maître, il fit l'histoire de Joseph vendu par ses frères, en six grandes estampes, en beau dessein; sans jamais avoir eu aucun maître; il fit plusieurs tableaux peints sur toile; sans jamais avoir eu aucun maître, il fit son portrait en sculpture en terre glaise et en égale grosseur, lui ressemblant assez exactement. Il le fit pour se rappeler que son corps se réduira un jour en poussière et que son âme ira au ciel, si elle se couronne de la persévérance finale.

Toutes ces œuvres, opérées devant des témoignages vivants, existent encore dans son cabinet littéraire à Béziers.

Dans son adolescence, après avoir rempli les devoirs du collége, il s'occupait aussi en récréation des arts mécaniques; il fit un petit moulin pour moudre de petits grains, c'est-à-dire semblable aux moulins qui font la farine; il y avait tous les rouages en bois qui se mouvaient par une roue motrice; il ne se servait que d'un canif et d'un clou qu'il faisait rougir au feu pour faire des trous carrés, n'ayant pas d'autre instrument.

Il fit une petite fabrique d'eau-de-vie toute en verre, il se servit d'une bouteille de verre blanc pour chaudron, il se servit pour serpentin d'un tube de verre moins gros que le petit doigt, qu'il pliait à volonté en le faisant rougir avec adresse à la flamme violente d'une lampe à double mèche. Il avait fabriqué un fourneau en terre glaise, sur lequel reposait la chaudière et le condensateur, et en y mettant du vin et des graines de l'anis il fesait de l'anisette, qu'il distribuait dans plusieurs verres d'eau à ses camarades d'école.

Dans une époque, il fabriqua une bride et une selle avec toutes ses compétences et ses deux étriers, pour une petite monture, dont il se servait pour aller à la campagne dans le besoin.

L'abbé Mayneau, en sortant de son adolescence, laissant dormir son goût pour les beaux-arts, n'avait qu'une passion pour les hautes sciences et pour en approfondir leurs principes, tellément que son esprit ne pouvait point s'occuper des délices efféminés du siècle putréfié, dont il avait horreur.

Mille fois, à cet âge scabreux, des milliers de tourbillons de fleurs séduisantes sont tombées à ses pieds pour lui offrir leurs parfums; mille fois son courage solennel les a repoussées victorieusement, dans sa région natale, ainsi que dans tous ses grands voyages et dans les longs séjours des cités exotiques, pendant toutes les époques successives de sa carrière apostolique, arrivant sain et sauf triomphant à la borne sexagénaire de nos jours.

Après avoir donné des preuves incontestables d'une vocation certaine à la sublimité du sanctuaire, pendant sept années consécutives, par l'audition de la messe, à six heures du matin, et par son service gratuit et exact, pendant les feux de l'été et les glaces de l'hiver; l'abbé Mayneau voulut aller grossir la pépinière lévitique, et son grand maître incomparable l'y enflamma encore plus par sa proposition d'une année de retard.

L'abbé Mayneau, âgé de 19 ans, fut au séminaire de Montpellier étudier la philosophie du Golgota; devenu théologien à l'âge de 21 ans, il fut chargé, selon l'usage, par ses supérieurs ecclésiastiques, de faire un discours et de le prononcer devant tout le séminaire assemblé à table, dans le réfectoire ; il fit son discours sur l'Enfant prodigue, et malgré qu'il fut interrompu trois fois par le professeur d'éloquence, qui lui disait d'élever la voix, continua toujours sans perturbation avec une nouvelle vigueur; sa péroraison fut si frappante, si effrayante, que la majeure partie de cet auditoire, éminemment savant, n'eût point la force de terminer le repas avec le cœur victorieusement gonflé.

Il fut chargé d'aller prêcher à l'église de la Maison centrale, où sont les galériens ou les détenus à terme; on n'entendait dans cet auditoire, rempli de cœurs de bronze, que sanglots et gémissements ; plusieurs se convertirent.

Il fut chargé d'aller prêcher à l'établissement des Repentantes, et toutes, baignées de larmes, demandèrent après l'instruction à se confesser ; elles se convertirent toutes, sans exception d'une seule, dans une seule instruction.

Ainsi, l'abbé Mayneau, à l'âge de 21 ans, en commençant sa carrière apostolique, sans être sous-diacre, fit ce que font les vieux prédicateurs les plus fameux; mais cela n'est pas étonnant, Dieu se sert de ce qu'il y a de plus faible pour confondre ce qu'il y a de plus fort. *Infirma mundi elegit Deus ut confondat fortia.*

Ordonné prêtre à vingt-trois ans et demi, il fut placé vicaire à Saint-Denis, paroisse de première classe de Montpellier, ville épiscopale, où sont beaucoup de protestants. Il y prêcha le premier dimanche qu'il y arriva, et des centaines de pénitentes assiégèrent son confessionnal.

Pendant ce vicariat, il prêcha dans plusieurs paroisses de cette ville épiscopale et dans plusieurs villages circonvoisins, à la fameuse église de Notre-Dame des Tables, à Sainte-Anne, à Saint-Giles, à Frontignan, et à Saint-George.

L'abbé Mayneau, à peine âgé de 25 ans, fut curé de Murviel-lez-Montpellier; il y convertit toute la paroisse, à l'exception de sept hommes et de trois femmes. Après deux ans environ il en fit la démission pour aller prêcher dans les grandes villes de France.

Au commencement de 1826, ayant obtenu, par l'intermédiaire de l'illustre cardinal Fech, le titre de missionnaire apostolique de France, du souverain pontife Léon XII; Il prêcha avec un succès merveilleux à Toulouse, à la fameuse paroisse de la Dalbade, et peu après, à la magnifique église de la Visitation, et un peu plus tard, à Narbonne, dans l'église de Saint-Sébastien.

Dans d'autres circonstances, il prêcha à Béziers, à l'église des Religieuses Clairistes, à l'église de Saint-Jacques, à l'église des Pénitents noirs, à l'église des Pénitents bleus; à la fameuse paroisse de la Magdeleine, il fit le panégyrique de la sainte Vierge qui dura deux heures moins un quart : les plus distingués littérateurs de la ville y étaient présents.

Dans une autre époque, il prêcha à Bordeaux dans l'église de la Magdeleine, où l'auditoire était toujours composé de ce qu'il y avait de plus noble et de plus érudit dans cette cité.

Au commencement de 1827, il fut prêcher à Avignon, ancienne cité des papes; il prêcha le carême dans la vaste église antique des Carmes, qui était toujours pleine d'auditeurs érudits.

Il prêcha une station de Jubilé, dans le diocèse de Nîmes, à Villeneuve-lez-Avignon, au-delà du Rhône; cette vaste église ne pouvait pas contenir la population religieuse qui écoutait au-dehors des vestibules et des différentes portes de l'église. Au dernier sermon, plusieurs centaines de pénitents assiégèrent les confessionnaux et quarante hommes, n'ayant pas pu trouver place dans l'église pour attendre les confesseurs, vinrent au presbytère pour se confesser.

De là, il fut à Grenoble, où il prêcha avec succès à l'église de Saint-Louis. Il fit une station de Jubilé à Voiron, ville commerçante du diocèse de Grenoble, faisant partie anciennement de l'ancien diocèse de Vienne (en Dauphiné); il y prêcha plusieurs semaines consécutives; et un jour il prêcha deux fois le matin et deux fois le soir; son dernier sermon de persévérance fut un prodige, tout l'auditoire fit retentir l'église de sanglots et de gémissements, jusqu'à un grand nombre de prêtres présents, qui versèrent tous des larmes. La communion générale fut de quinze cents âmes, sur une population de six mille.

De là il fut à Lyon, il y prêcha à Saint-Nizier, antique basilique gothique très-vaste.

Le premier dimanche qu'il fut arrivé à Paris, il prêcha à Saint-Roch, qui est une des plus importantes et des plus vastes églises de Paris; il y prêcha pendant l'espace de deux mois; il y prononça, à une fête de Notre-Dame, le panégyrique de la sainte Vierge, et dans l'auditoire, composé de personnages de la plus haute distinction, était Son Altesse royale madame la Dauphine, qui avait pris place à une tribune.

Il prêcha quelque temps à Saint-Germain-l'Auxerrois, paroisse royale, en face du Louvre.

Il prêcha à l'église de Notre-Dame-des-Blancs-Manteaux.

Il prêcha à une église des Dames-Noires, dans la paroisse de Saint-Sulpice.

Il prêcha quelque temps dans une église du diocèse de Versaille ; il prêcha aussi à Saint-Denis, près de Paris, où sont les antiques tombeaux des rois.

La dernière station sacrée et oratoire qu'il fit dans Paris, ce fut à Notre-Dame-des-Victoires.

Etant devenu aumônier de l'illustre baron de Damas, ministre des affaires étrangères ; il cessa ses grandes prédications ; il s'occupa à écrire pour défendre l'Église contre le philosophisme et pour réveiller l'empire littéraire européen.

Il composa, dans cinq mois, un *Traité des Abus de la France et des licences gauloises* qu'il fit imprimer en 1828 ; il y éclairait les ministres d'Etat, les diplomates et avertissait le gouvernement d'une révolution prochaine qui arriva un peu plus d'un an après. Ce fait est certain ; ce livre existe dans la bibliothèque des auteurs modernes, à la capitale, et on peut s'en convaincre fort aisément.

Il composa à Paris et fit imprimer à Paris, en 1829, le *Génie du Sacerdoce*, divisé en trois livres : livre premier, *Génie bienfaisant,* livre second, *Génie héroïque,* livre troisième, *Génie littéraire.*

Il composa et fit imprimer, au milieu de l'année 1830, le *Triomphe de l'Eglise,* divisé en trois livres : livre premier, *Triomphe sur les hérésies et les schismes depuis les apôtres jusqu'à nous ;* livre second, *Réfutation de toutes les hérésies de l'hérésiarque Oéger,* ancien premier vicaire de la cathédrale de Paris, qui apostasia et fit une religion à l'instar de l'enfant d'Eislében ; il osa demander au gouvernement une église pour enseigner la bizarrerie de sa doctrine.

Dans ce même livre second, il réfuta le schisme des puristes qui, s'étant separés de la sainte Église latine, ne voulaient point reconnaître le souverain Pontife, qui avait restauré parfaitement l'Eglise de France, en harmonie avec Napoléon Ier qui, en véritable père de la patrie, réchauffa dans son sein la noblesse moribonde et le clergé expirant, releva la croix, ressuscita l'Eglise sur ce sol de fer que son fer seul avait conquis.

Livre troisième, *Triomphe des Souverains Pontifes sur leurs ennemis,* où il déploya les bienfaits immenses et tous les trésors de toutes les espèces de charité dont ils avaient inondé, dans toutes les époques, l'univers chrétien, en le purifiant de toutes les erreurs léthifères.

En 1843, l'abbé Mayneau, arrivé à Rome, eut une audience de demi-heure avec le souverain Pontife Grégoire XVI; il y eut quelque chose de prodigieux à la fin de cet auguste entretien ; le Saint-Père parla à l'abbé Mayneau avec une cordialité angélique, lui mettant par intervalle sa main sur son épaule, et à la fin, en faisant le salut d'usage, le Saint-Pontife lui offrit sa main que l'abbé Mayneau baisa. C'est une faveur qui n'est accordée qu'aux Cardinaux ou bien à celui qu'il choisit dans sa pensée pour être un jour cardinal. C'était le 12 décembre de ladite année 1843.

Au commencement de février 1846, dans une autre audience, le saint pontife Grégoire XVI, après avoir reçu et examiné ses ouvrages, le délégua protonotaire apostolique de France et en particulier à Vivier, pour la béatification de l'illustre Marie Rivier, fondatrice de 130 établissements d'éducation religieuse, avec la puissance de constituer un tribunal ecclésiastique, faisant les fonctions de cardinal, en choisissant le président, les juges, les huissiers et les promoteurs fiscaux.

Malheureusement Grégoire XVI mourut avant la terminai-

son de cette fameuse cause, et son projet ne se réalisa pas ;
mais ce qui prouve que le Saint-Père avait communiqué cette
pensée à son premier ministre d'État, c'est qu'en 1849, le
fameux Lambruschini dit dans son appartement, à haute
voix, en parlant à l'abbé Mayneau : Voilà le cardinal, *in pecto*,
en présence de M. Rosatini, avocat consistorial, en présence
d'un général d'ordre et d'un grand personnage revêtu de
pourpre, qui fit une profonde révérence à l'abbé Mayneau,
comme s'il avait vu un prodige.

Le 19 juillet 1847, à deux heures après midi, ayant obtenu
une audience du souverain pontife Pie IX, à la sainteté duquel
l'histoire ne reprochera d'autre imperfection que la surabon-
dance de charité qui surpasse celle du génie humain.

L'abbé Mayneau arrivant dans les salles du palais pontifi-
cal de *Montecavallo*, les gardes du corps se retirèrent, et il
resta seul pendant un quart d'heure en colloque avec le St-Père,
qui lui ouvrit un vaste sillon de lumière sur un fait impor-
tant, dont l'authenticité repose dans les archives pontificales.

L'abbé Mayneau, sans pouvoir creuser le mystère prodigieux, s'extasia devant ce monument colossal de la charité
héroïque, du génie et de la gloire de l'univers chrétien.

L'abbé Mayneau avait une réputation étonnante dans Rome,
il était souvent à la société des grands prélats de différentes
nations : des Arméniens, des Grecs, des Français et des Ro-
mains ; il fit diacre, un jour, à Mgr Messire, archevêque d'Her-
mopolis, à l'église de la Trinité des Monts, et une autre fois,
dans cette même église, il fit diacre à l'illustre Barbérini,
prince-cardinal-archevêque.

Il demeura, pendant six mois, dans le palais de Saint-André delle Fratte, avec Mgr Trioche, natif de Marseille, archevêque de Babylone, qui fit l'abbé Mayneau son vicaire-général,
vers la fin de 1847, avant la révolution Romaine.

Après la révolution et après la victoire du siége de Rome,
remportée par les Français, l'abbé Mayneau visitait journellement et alternativement les cinq hôpitaux, où étaient les soldats français, malades de la fièvre intermittente.

En 1849, logeant pendant sept mois ensemble à Saint-
André delle Fratte, avec Mgr Véroles, natif de Cam, évêque
de Colombie, dans la Chine, qui fit l'abbé Mayneau vicaire-
général, lui faisant diacre tous les dimanches à la messe; ils
firent ensemble une mission assez longue à l'armée française,
dans l'église de Saint-André delle Fratte. Les soldats convertis
allaient à St-Pierre au tombeau des apôtres, où Mgr l'évêque
Véroles les communiait et les confirmait en présence de l'abbé
Mayneau, son vicaire-général.

Après avoir rendu triomphalement dans le ciel de la gloire
pure les plus grands services à la religion, à l'église et à sa
patrie, au milieu de milliers de périls de sa vie, l'abbé
Mayneau, couronné de tant de faisceaux de palmes brillantes,
aurait pu être accueilli avec des grâces moins pompeuses,
mais plus avantageuses dans sa région natale et y recevoir la
rétribution qui console annuellement le vieux sacerdoce la-
borieux au crépuscule de sa carrière. Point du tout, l'écoule-
ment de son doux séjour n'a jamais pu obtenir une pension
annuelle ni de l'Etat, ni de l'Eglise; étant parvenu à la soixante-
deuxième année de son âge, avec trente-neuf ans de son mi-
nistère sacerdotal et apostolique. Nous nous faisons un devoir
sacré d'en donner connaissance à l'orthodoxie des fidèles de
haute intelligence.

Le père Mayneau, sur ses vieux jours, propriétaire considé-
rable, brillant d'une probité pure, avait trois enfants : deux
garçons et une demoiselle : 1° L'abbé Mayneau, protonotaire
apostolique, fils aîné; 2° Un fils cadet, admirable savant dans
toutes les hautes sciences physiques, chimiques et médicales,

aux études duquel il avait employé vingt mille francs, n'ayant reçu qu'à l'âge de 30 ans le grade de docteur en médecine; 3° le bon père Mayneau avait une demoiselle, nommée Françoise Mayneau, qui a été toujours, jusqu'à ce jour, une héroïne de vertu; elle remplaça pendant douze années consécutives, les vicaires de la paroisse de Saint-Aphrodise, faisant journellement et gratuitement le catéchisme aux pauvres enfants de cette paroisse, qu'elle éclairait à ses frais de son flambeau nocturne, pendant deux heures quotidiennes, sans jamais appréhender d'épuiser sa forte santé; elle leur fesait de temps en temps la morale en leur arrachant des larmes comme un vrai prédicateur.

Elle a soigné pendant trente ans, jusqu'à ce jour, plusieurs chapelles de cette église, à ses frais, les parant de la plus éclatante magnificence moderne, les ornant de broderies en somptueux dessins et de pompeuses fleurs artificielles, dont ses mains d'or étaient les seules fabricatrices.

Elle a fait, pendant 30 ans, tous les carêmes, comme les anachorètes, à la fin desquels arrivait quelquefois un épuisement de santé. L'audition de la messe quotidienne a été toujours son usage avec la fréquente réception du pain angélique.

Sa tête de génie religieux a été toujours infatigable dans les travaux des autels et dans les oraisons de l'Eglise journellement; elle s'est étendue, avec la même ardeur, quotidiennement, sur les travaux domestiques incessants, depuis l'aurore jusqu'au crépuscule, et trop souvent devant les longs et vastes rayons de la lampe nocturne au milieu des veilles héroïquement pénibles.

Elle a été toujours la protectrice active de toutes les pauvres malades, des pauvres veuves et des orphelines de son quartier, avec la conquête d'une quantité de conversions; elle perfectionna plusieurs jeunes vierges religieuses, qu'elle conduisit au couvent, par d'assez longs voyages, à ses frais et dépens.

Elle a été pendant longues années le diapason sonore d'un vaste chœur de jeunes vierges pieuses, ravissantes cantatrices, à toutes les solennités de l'église de Saint-Aphrodise et surtout pendant toutes les missions, se levant à l'aurore pour ranimer les fidèles par la pompe de ses harmonies mélodieuses.

Cette illustre héroïne de vertu chrétienne, dans sa franche simplicité angélique, se laissa tenter de faire héritiers, par testament, les enfants futurs de son frère, docteur en médecine, au moment du contrat de mariage, et déshérita ainsi, sans y penser, l'abbé Mayneau, son frère, fils aîné, son parrain, qui lui avait fait par écrit, sous ses yeux, testament de tous ses biens présents et futurs, qu'elle a conservé jusqu'à présent dans son secrétaire.

Monsieur Mayneau père, excellent chrétien orthodoxe, étincelant des plus riches qualités d'un bon esprit de sagesse, sans connaître à fond ni les lois, ni les canons, s'adressait aussi comme elle à un hétérodoxe dans les sentiers de la piété; il se laissa aussi tenter comme elle à faire héritier en contrat de mariage son fils cadet, docteur en médecine, de six sétérées de terrain pour être bâti, lequel terrain se trouve au milieu d'une rue bâtie aux deux extrémités, dont le terrain de quelques maisons fut vendu à raison de cinquante-mille francs la sétérée, contenant seize-cents mètres carrés; cette rue commencée aux deux extrémités de part et d'autre est en face du magnifique jardin public, où est la statue de bronze du célèbre Paul Riquet, créateur du Canal du Midi, à Béziers, département de l'Hérault.

Voilà que l'abbé Mayneau fut entièrement déshérité de sa sœur et déshérité en grande partie du bien de son père,

comme si le jeune Mayneau, fils aîné, étant mort d'une ma-
ladie vérolique, dans sa tendre enfance, pendant le temps
de la terreur, eut été remplacé par un orphelin d'une noble
famille décapitée.

Le père et la sœur n'agirent saintement ainsi que pour avoir
une génération fortunée, bien convaincus tous les deux que
l'abbé Mayneau, vivant comme un anachorète avec économie,
sans luxe, sans dépenses frivoles, ne consacrerait tous ses
biens terrestres qu'à faire des établissements de charité envers les pauvres malheureux de son pays.

Mais l'abbé Mayneau, de suite après la mort de son trop
bon père, protesta légalement par un acte juridique, enregistré et envoyé à l'héritier illégal, qu'il réclamait sa légitime
paternelle sur la terre, opulente de six sétérées pour être
bâtie. Un accord par violence suivi de menaces fut fait, inva-
lidement et enregistré ; mais une récente protestation fut faite
par l'abbé, avec trois témoins et enregistrée légalement par le
chef de l'enregistrement.

Mais, peut-être nous dira-t-on l'abbé Mayneau n'est pas
assis sur un siège de détresse misérable. C'est vrai, il a diverses propriétés, il a fait bâtir sur un des monts les plus
élevés d'un site Bitterrois une maison d'agrément, à la campagne, couronnée d'un belvédère ; c'est là que, comme Elie, il
va prier souvent sur la montagne.

Il fit bâtir, dans une des plus belles positions de Béziers,
sur le sol maternel, une maison élégante, contenant trente-six
pièces, surmontée d'un observatoire, sur le dôme duquel domine une croix ligneuse ; la façade de cet édifice est en face
de la place Napoléon, à l'extrémité d'une grande et longue
rue. Mais ce n'est pas avec les deniers de sa parenté qu'il a
fait construire son habitation agréable, soit à la ville, soit à
la campagne, il n'en a jamais perçu un seul denier. Savez-

vous où il a puisé? dans les coffres forts de la Providence,
dans les trésors de sa plume, dans les mines d'or de ses ouvrages littéraires, qui ont roulé et roulent encore sur la surface de l'Europe savante.

Voilà l'abbé Mayneau depuis l'aurore de ses brillants jours
scientifiques, jusqu'aux environs de leur crépuscule, sans
cesse retrempé dans les plus profondes épreuves de la Providence, qui seule l'a purifié et l'a consolé avec les suavités du
vrai bonheur céleste.

La plus douce consolation que l'abbé Mayneau a goûtée dans
sa chère patrie, c'est l'honneur que lui fit l'illustrissime Atta,
patriarche, archevêque de la Palmyrène, dans la Terre-Sainte;
ce grand patriarche, confesseur de la foi latine, éclatant des
plus belles vertus héroïques, et le plus brillant flambeau du
sanctuaire oriental, nomma l'abbé Mayneau vicaire-général
de Palmyre, capitale de son diocèse, en présence de plusieurs
laïques et de plusieurs ecclésiastiques, dans la sacristie de
St-Aphrodise, à Béziers, à 5 heures du soir, le 16 février 1858.

Cet excellent patriarche, ayant été persécuté dans la Syrie,
vint à Rome pour obtenir des secours et des conseils de l'autorité papale, et là, dans cette capitale de l'Univers Chrétien,
il apprit la bonne réputation de l'abbé Mayneau qui, pendant
son séjour de six années à Rome, connaissait familièrement
les évêques orientaux, et surtout l'illustre Messire, archevêque d'Hénopolis, représentant de l'Eglise Grecque, unie de
cœur à la Romaine.

Ce révérendissime patriarche vint à Paris et obtint du
gouvernement des lettres authentiques qui priaient les évêques de France de laisser faire à ce brave patriarche des
quêtes dans leurs églises, afin de recueillir quelques sommes
d'argent pour rétablir son archevêché, son séminaire et son
église dévastés.

Cet illustre patriarche tira son plan pour quêter dans quelques principales villes riches de France, jusqu'à Béziers, pour voir l'abbé Mayneau et le mettre à l'épreuve afin de s'assurer si la réputation qu'il a à Rome était bien acquise.

Ce savant patriarche, arrivé à Béziers, fut logé au presbytère de l'illustre curé Reboul; il dit la messe à la Magdeleine, à Saint-Nazaire, à Saint-Jacques, au Bon-Pasteur et dans d'autres églises, où l'on fit, pour le secours de son humble grandeur, d'excellentes quêtes. Le 16 février, il vint dire la messe à Saint-Aphrodise. L'abbé Mayneau, qui connaît un peu différentes langues européennes et orientales, ayant appris que ce patriarche ne connaissait pas la langue française et qu'il ne parlait que sa langue indigène, fut entendre sa messe dans l'intention d'entrer en colloque avec son Excellence, dont la figure vraiment majestueuse ne lui parut pas inconnue; après la messe de neuf heures, il parla en idiome oriental à son interprète qui, l'ayant averti, le patriarche se rendit à la sacristie, où l'abbé Mayneau parla en langage arabe à cet excellent patriarche qui, au milieu de la conversation, lui offrit les parfums de sa tabatière, qu'il accepta avec grâce, en lui disant : « *Trit barnouti* », en langage arabesque.

Le soir, à trois ou quatre heures de l'après-midi, cet illustrissime patriarche vint à l'église de Saint-Aphrodise pour y donner solennellement la bénédiction; l'abbé Mayneau lui parla encore en idiome arabe, en répondant à la pensée secrète du patriarche, qui répondit, à son tour, à la pensée la plus secrète de l'abbé Mayneau

Après la bénédiction et ses cérémonies pompeuses, ce grand et saint patriarche fut convaincu, par ses épreuves, de la réputation dont jouit l'abbé Mayneau, à Rome; il savait que l'abbé Mayneau n'avait jamais fait parade de ses grands titres dans le sanctuaire, y ayant été toujours simplement paré du plus minime des surplis latins (1).

Ce patriarche savait fort bien que l'abbé Mayneau est depuis longtemps protonotaire apostolique, délégué du pape, vicaire-général de l'archevêque de Babylone et vicaire-général de l'évêque de Colombie, etc., etc., etc. Après avoir examiné tout de ses propres yeux, bien mûrement et fort sagement; l'immortel Atta, patriarche-archevêque de la Palmyrène, nomma l'abbé Mayneau, vicaire-général de Palmyre, capitale de son diocèse oriental, dans la Syrie; cette proclamation solennelle, reconfirmée le lendemain, fut faite en présence de nombreux laïques et de plusieurs ecclésiastiques, dans la sacristie de l'église de Saint-Aphrodise, à cinq heures du soir, le 16 février 1858, à Béziers, département de l'Hérault.

Voilà le grand génie de l'Eglise de Pierre uni au génie pur de l'Eglise orientale, qui est venu couvrir des plus belles couronnes de laurier, notre héros latin bitterrois, sur son champ de bataille littéraire, en face de la toute-puissance des batteries de l'hétérodoxie belligérante, sur l'arène de la presse solennelle, depuis plus d'un siècle.

Notre intrépide guerrier de la foi ne tient nullement à la gloriole profane de ce monde, il la foule aux pieds; il ne soupire qu'après le grand jour du Seigneur, où ses terribles fondements sordides seront démolis par la puissance de l'empire de nos cieux.

------

(1) Quelque temps avant ses voyages en Italie, l'abbé Mayneau céda volontiers, avec confiance, à un prêtre, sa première place d'honneur dans les stalles, pour arriver plus tard à la minime; mais il n'en reçut pour gratitude que le fiel de la satire ignare et enfantine.

La simplicité de notre langage n'est qu'une étincelle ; il ne peut pas s'élever assez haut dans les espaces lumineux de la gloire la plus sublime. La postérité la plus reculée chantera mieux que nous ses combats littéraires trentenaires, ses victoires et ses triomphes.

FIN DE LA BIOGRAPHIE DE L'ABBÉ MAYNEAU.

TABLE DES MATIÉRES

DE LA

BIOGRAPHIE DE L'ABBÉ MAYNEAU.

Voilà pourquoi l'illustre abbé Mayneau, n'ayant reçu sur la terre que l'unique protection de l'Eternel, de Jésus et de Marie, s'écrie dans son enthousiasme littéraire : Dieu se sert de ce qu'il y a de plus faible au milieu de milliers de périls éminents de la mort, pour confondre ce qu'il y a de plus fort dans la plus sublime hauteur de l'opulence philosophiste. *Infirma mundi elegit Deus ut confundat fortia.*

FIN.